Millie va al espacio
Millie goes to space

Erika Deery

Para Sofia

To Sofia

Encuentra otros libros de la autora en:
For other books by this author visit:
www.milliebooks.com

Millie va al espacio / *Millie goes to space*
Segunda Edición / *Second Edition*
ISBN 9780995385221 (pasta blanda / *paperback*)
ISBN 9780995385238 (pasta dura / *hardback*)

Copyright © 2014.
Escrito, ilustrado y traducido por Erika Deery.
Derechos Reservados.

Written, illustrated and translated by Erika Deery.
All rights reserved.

A catalogue record for this book is available from the National Library of Australia

Este libro pertenece a: / *This book belongs to:*

Lila Lila

Buenas noches Millie –dijo mamá.
–¡Mañana nos espera un gran viaje! – dijo papá.
Millie no quería dormir así que el Sr. Mapache dijo:
–¡Abracadabra, alakabuna, nuestra primera parada es la Luna!

"Good night Millie" said mum.
"We have a big trip tomorrow!" said dad.
Millie didn't want to sleep, so Mr. Raccoon said,
"Abracadabra, alakaboom, for our first stop we are going to the Moon!"

El cohete era muy ruidoso al despegar.
Subía muy rápido. ¡Guau!

*The rocket was very loud as it took off.
It shot up so fast! Wow!*

Millie pensó que la nave era genial.
–¡Qué nave tan grande! ¡Y cuántos botones!

*Millie thought the spaceship was awesome.
"What a big ship! There are so many buttons!"*

Mientras más volaban,
la Tierra se hacía
más chiquita y más chiquita,
hasta parecer una pelota
pequeñita en el espacio.

*The further they flew,
Earth got smaller and smaller,
until it was a teeny tiny ball in space.*

Millie y el Sr. Mapache aterrizaron en la Luna
para visitar al conejo que vive allí.
–¡Hola! Soy el Conejo de la Luna.
Me gusta brincar para que vean mi sombra hasta la Tierra.
¿Quieren probar un poco del suelo?
Millie se sorprendió –¡Sabe a queso!

Millie and Mr. Raccoon landed on the Moon
to meet the Rabbit that lives there.
"Hello, I am the Rabbit on the Moon.
I love hopping around so you can see my shade all the way from Earth.
Would you like to try a little bit of the Moon floor?"
Millie was surprised. "It tastes like cheese!"

Hicieron una escala en Marte, el planeta rojo.
Ahí conocieron a Kliff y a Kloff,
un par de marcianos muy amigables.
—Nos gusta mucho visitar su planeta —dijo Kliff.
—Pero a veces tenemos que esconder nuestras naves para que los humanos no se asusten —rió Kloff.

They made a stop in Mars, the red planet.
There they met Kliff and Kloff,
a couple of very friendly Martians.
"We love visiting your planet," said Kliff.
"But sometimes we have to hide our ships so humans don't get scared," laughed Kloff.

Millie y el Sr. Mapache regresaron a su nave.
De ahí volaron por el cinturón de asteroides.
Vieron muchas estrellas, cometas
y también otras naves espaciales.

Millie and Mr. Raccoon went back to their ship.
Then they flew through the asteroid belt.
They saw many stars, comets
and other spaceships too.

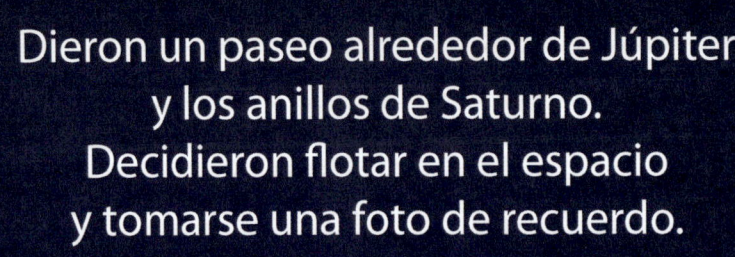

Dieron un paseo alrededor de Júpiter
y los anillos de Saturno.
Decidieron flotar en el espacio
y tomarse una foto de recuerdo.
¡Sonríe!

*They also flew around Jupiter
and the rings of Saturn.
Then they decided to float in space
and take a picture.*
Smile!

Era la hora de regresar.
Volaron a la velocidad de la luz.
La Tierra ahora se hacía cada vez más grande,
hasta parecer una enorme pelota verde con azul.

It was time to go back.
They flew at the speed of light.
Earth now looked bigger and bigger,
until it was a huge ball of green and blue.

–Abróchate tu cinturón de seguridad,
ya vamos a aterrizar –dijo el Sr. Mapache.
–¡Ay! Mis oídos hacen ¡pop! –dijo Millie.

*"Fasten your seatbelt.
We will be landing very soon," said Mr. Raccoon.
"Ouch! My ears popped!" said Millie.*

–Despierta bebé, ya llegamos –dijo mamá.
Papá abrazó a Millie y la puso junto con
el Sr. Mapache en su carrito.
Sus abuelos los esperaban con muchos
abrazos y sonrisas al otro lado de la puerta.

*"Wake up baby, we are here," said mum.
Dad hugged Millie and put her next to
Mr. Raccoon in her pram.
Her grandparents waited with lots of
hugs and smiles on the other side of the door.*

¡Hasta Luego!

See you soon!

Si disfrutaste este libro con tus niños, por favor deja una reseña para que otras personas también puedan encontrarlo. ¡Gracias!

If you enjoyed this book with your kids, please leave a review so other people can find the book too. Thank you!

Descarga gratis el ebook de la próxima aventura de Millie en:
Download the next Millie adventure as an ebook for free at:

www.milliebooks.com/milliespacegift